LOS ~~MEJORES~~ PEORES CHISTES DE LA HISTORIA

CHISTE-PEDIA

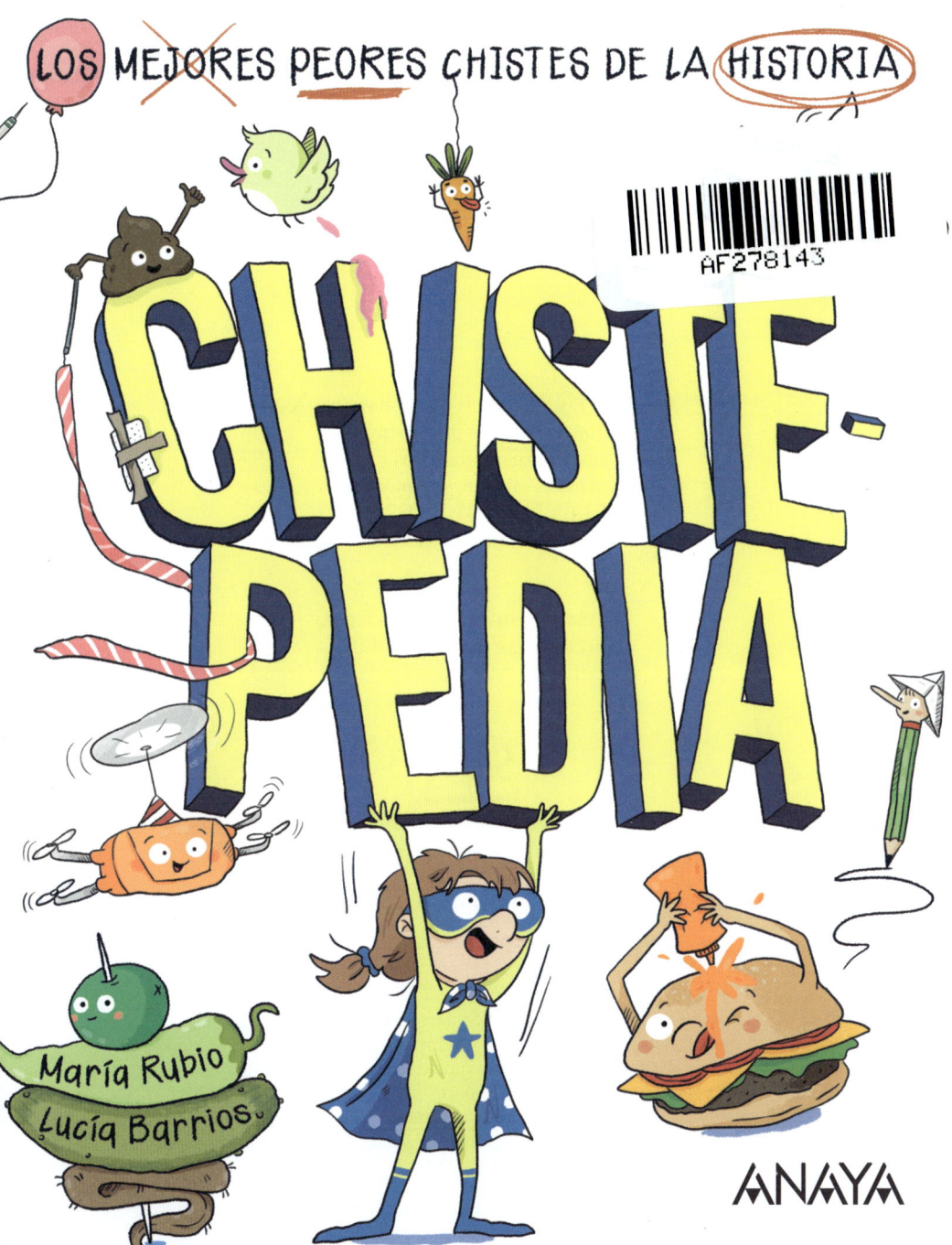

María Rubio
Lucía Barrios

ANAYA

1.ª edición: mayo de 2025

© Del texto: María Rubio, 2025
© De las ilustraciones: Lucía Barrios, 2025
Representadas por Tormenta
www.tormentalibros.com
© De esta edición: Grupo Anaya, S. A., 2025
Valentín Beato, 21. 28037 Madrid
www.anayainfantilyjuvenil.com

Director editorial: Pablo Cruz
Editora: Patricia Emo Marty
Asistente editorial: Mercedes González Grande

PAPEL DE FIBRA
CERTIFICADA

ISBN: 978-84-143-4186-5
Depósito legal: M-3622-2025
Impreso en España - *Printed in Spain*

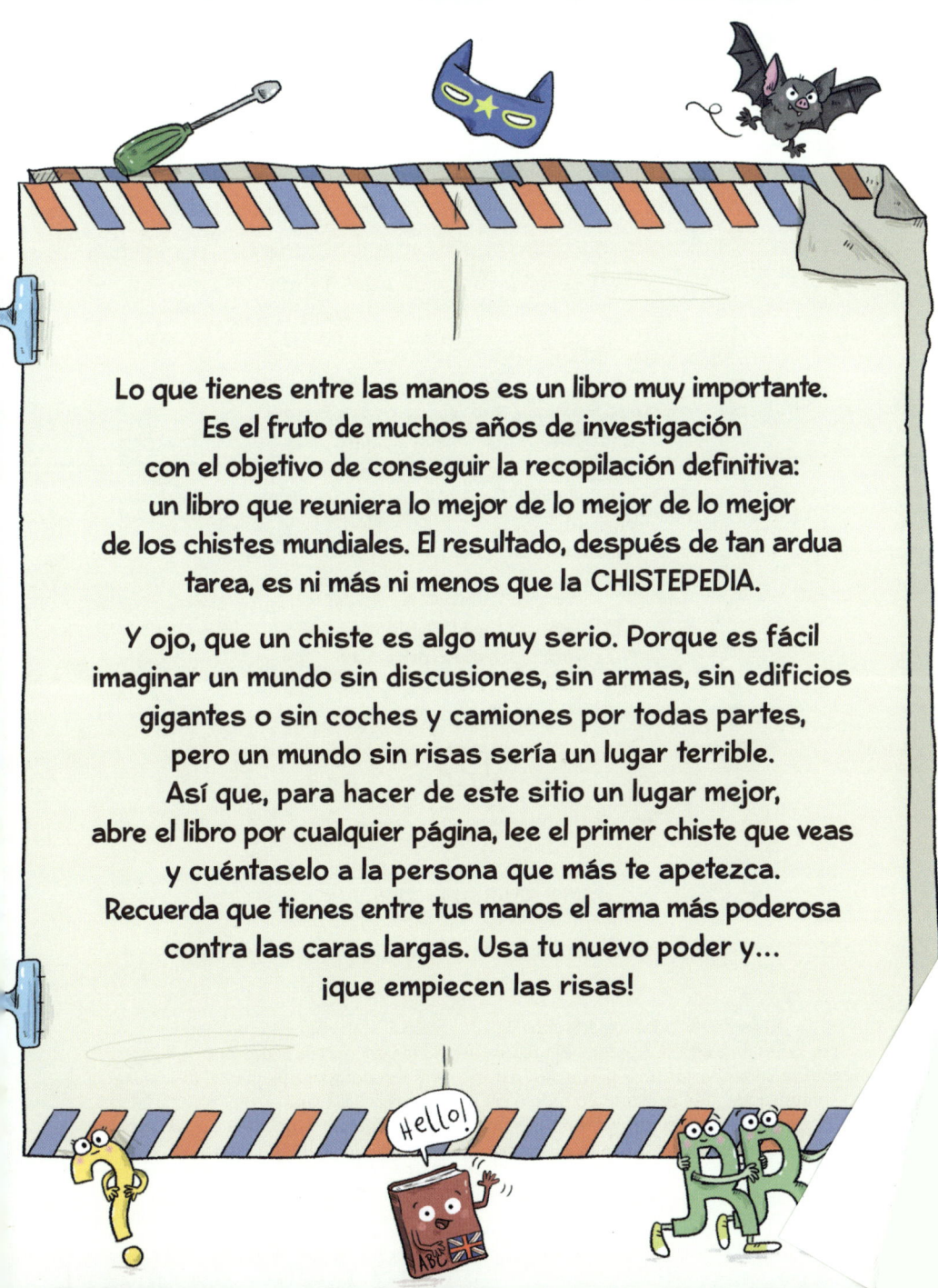

Lo que tienes entre las manos es un libro muy importante.
Es el fruto de muchos años de investigación
con el objetivo de conseguir la recopilación definitiva:
un libro que reuniera lo mejor de lo mejor de lo mejor
de los chistes mundiales. El resultado, después de tan ardua
tarea, es ni más ni menos que la CHISTEPEDIA.

Y ojo, que un chiste es algo muy serio. Porque es fácil
imaginar un mundo sin discusiones, sin armas, sin edificios
gigantes o sin coches y camiones por todas partes,
pero un mundo sin risas sería un lugar terrible.
Así que, para hacer de este sitio un lugar mejor,
abre el libro por cualquier página, lee el primer chiste que veas
y cuéntaselo a la persona que más te apetezca.
Recuerda que tienes entre tus manos el arma más poderosa
contra las caras largas. Usa tu nuevo poder y…
¡que empiecen las risas!

Hello!

ABC

CON LA FAMILIA

—¿Sabes que mi hermano monta en bici desde los tres años?
—Pues ya estará lejos.

—Mamá, ¿qué me vas a regalar para Navidad?
—¿Ves ese coche deportivo tan chulo de ahí?
—¡Sí!
—Pues unos calcetines del mismo color.

Mi hermano pregunta:
—¿Qué hora es?
—Las doce.
—¡Qué tarde!
—Pues haberme preguntado antes.

Definición de «telepatía»: aparato de televisión para la hermana de mi mamá.

—Abuelo, ¿por qué estás delante del ordenador con los ojos cerrados?
—Porque Windows me ha dicho que cierre las pestañas.

Carlota le pregunta a su mamá:
—Mamá, mamá, ¿qué día nací yo?
—El 22 de abril, cariño.
—¡Qué coincidencia, nací el mismo día de mi cumple!

Lucas le pregunta a su mamá:
—Mamá, ¿qué tienes en la barriga?
—Es un bebé.
—¿Y lo quieres mucho?
—Sí, hijo, mucho.
—Entonces, ¿por qué
te lo comiste?

Una madre les dice a sus hijos,
que están jugando en el parque:
—Niños, ¡no juguéis en la tierra!
Y los niños se fueron a jugar a Marte.

Dos niñas están hablando de sus abuelos en el cole:
—¿Es verdad que a tu abuelo le hirió una bala perdida?
—No estaba perdida, ¡que la encontraron en su pierna!

—Mamá, mamá,
¿puedo usar tu coche?
—¡No sin mi supervisión!
—Uy, perdón, no sabía
que tenías superpoderes.

—Hijo, dame la mano,
que vamos a cruzar
la calle.
—¿Te da miedo o qué?

—Papá, hace un rato han venido
preguntando si tenemos burros.
—¿Y qué les has dicho?
—Que no estabas.

—Mamá, ¡he sacado un 10!
—¿En serio? ¿En qué asignatura?
—Un 3 en Mates, un 2 en Sociales, un 3 en Inglés
y un 2 en Geografía.

Llaman a la puerta de casa:
—Hola, ¿está Agustín?
—No, estoy incomodín.

—Mamá, ¿me haces los deberes de Mates?
—No, cariño, no estaría bien.
—Bueno, inténtalo, a lo mejor te sale.

—Papá, papá, en el colegio me llaman policía.
—¿Por qué?
—¡Calla, aquí soy yo el que hace las preguntas!

—¡Qué guapa estás hoy,
mamá! ¿Te has pintado
los ojos?
—No, ya los tenía.

—Papá, papá, ¡cuéntame un chiste!
—No, hijo, me tienes que ayudar a fregar los platos.
—¡Ja, ja, ja, ja! ¡Buenísimo!

En el cumple de la tía:
—¿Cuántos años cumples?
—Uno, los otros ya los tenía.

El abuelo me dijo una vez:
—Hay dos palabras que abren
muchas puertas: «tira» y «empuja».

La abuela le pregunta a una amiga
de la residencia:
—¿Te gustan mis gafas?
Son nuevas.
—La verdad es que no mucho.
—Son progresivas.
—Ah, entonces ya me irán gustando.

Patricia habla de su abuelo con su amiga en el parque:
—Mi abuelo era spervaliente. Un día se metió en una jaula llena de leones.
—¡Hala! Cuando salió se debió de hacer famoso.
—¿Quién te ha dicho que salió?

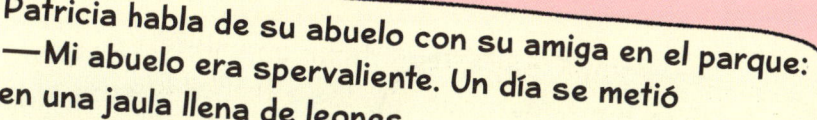

Laura está hablando con una amiga:
—¿Sabes qué te digo? Que no pienso ir más al cine. ¡Cada vez que voy se me sienta al lado uno que no para de hacer ruido cuando come palomitas!
—¿Y por qué no te cambias de sitio?
—No puedo, ¡es mi hermano!

—Mamá, mamá, qué buena está la paella.
—Pues repite, hijo, repite.
—Mamá, mamá, qué buena está la paella.

Vera habla con sus padres antes de irse de vacaciones:
—Me voy dos semanas a la montaña.
—¡Qué bien! Pues no te olvides de escribir.
—Espero que no, con lo que me ha costado aprender...

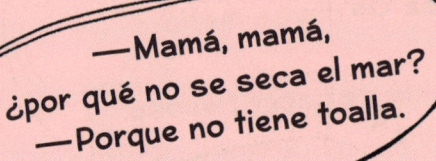

—Mamá, mamá,
¿por qué no se seca el mar?
—Porque no tiene toalla.

—¿Sabes cuánto paga
mi padre de alquiler
por la frutería?
—No, ¿cuánto?
—Pimientos euros.

Mi madre le pregunta a mi padre:
—¿Qué hora tienes?
—Las diez menos diez.
—Entonces no tienes nada.

Mi padre entra
en una librería:
—Hola, ¿tienen libros
para el cansancio?
—Sí, pero están
agotados.

—Cariño,
¿por qué estás hablando
con esas zapatillas?
—Porque pone «converse».

Un padre entra a comprar a una tienda:
—¿Cuánto cuesta esta estufa?
—Cinco mil euros.
El padre, indignado, contesta:
—Pero oiga, ¡esto es una estafa!
—No, señor, esto es una estufa.

Mi padre pregunta
en el concesionario:
—¿Cuánto cuesta alquilar
un coche?
—Depende del tiempo.
—Vale, pongamos que llueve.

Mi hermano me dice:
—Odio a la gente que
lo sabe todo, como tú.
—Lo sé.

Un amigo le dice a mi padre:
—Juan, si supieras que voy a morir
mañana, ¿qué me dirías hoy?
—¿Me prestas mil euros y mañana
te los devuelvo?

—Lola, ¿qué tal en el cole?

—No sé, mamá —responde Lola—, todo el rato me llaman «la eléctrica».

—¿Y tú qué haces?

—Les sigo la corriente.

—Papá, papá. Hoy la profe ha hecho una pregunta en clase y he sido la única que ha levantado la mano.

—Muy bien. ¿Y qué ha preguntado?

—Quién no había hecho los deberes.

Un padre y su hijo están observando el cielo nocturno en el jardín:

—¡Papá, mira el cielo! ¡Está lleno de botoncitos de «Favorito»!

—Estrellas, hijo. Se llaman estrellas.

—¡Niños, no juguéis con fuego!
Y Fuego se quedó sin amigos.

En una exposición de pintura, mi padre pregunta a un señor:

—¿A usted le gusta la pintura?

—Mucho, pero más de un bote me empalaga.

—Cariño, ya acosté al niño y está la cena en el horno.

—Pero si en la cama hay un pollo...

—¡Apaga el horno!
¡¡¡APAGA EL HORNO!!!

Un niño a su papá:

—Papá, papá, tengo muy buenas noticias para ti. ¿Recuerdas que me prometiste cincuenta euros si aprobaba el curso? Pues alégrate, porque te vas a ahorrar ese dinero.

Después del primer día de clase, una mamá le pregunta a su hijo:

—¿Qué has aprendido hoy, cariño?

—Pues por lo visto no lo suficiente, mamá, porque tengo que volver mañana.

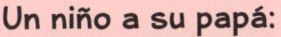

—Cariño, ¿por qué has suspendido tantas asignaturas?

—Porque soy intolerante a la lactosa.

—¿Y?

—Pues que no leché ganas.

Mi madre llamando al aeropuerto:

—¿Puede decirme cuánto dura el vuelo de Zaragoza a París?

—Sí, un minuto...

—Qué rápido, muchas gracias.

—Mamá, aún no sé qué estudiar.
—A ver, hijo, ¿qué te gusta?
—Dormir.

Salva está pescando con su madre
en el río:
—Cariño, ¡tira la caña!
Y Salva dice:
—¡Pero si la acabamos de comprar!

—Mamá, ¿los marcianos son amigos o enemigos?
—¿Por qué lo preguntas, hijo?
—Es que se están llevando a la vecina que hace tanto ruido
por las noches.
—¡Pues entonces, son amigos!

—Papá, papá, se me ha caído otro diente,
¿vendrá el Ratoncito Pérez?
—Te he dicho mil veces que no, tienes 37 años
y se te caen por no lavártelos nunca.

—Mamá, en el cole me dicen que soy aburrida. ¿Mamá?
—Zzzzzzz...

—Cariño, creo que estás obsesionado con el fútbol y me haces falta.
—¡¿Qué falta?! ¡¿Qué falta?! ¡¡¡Si no te he tocado!!!

Un niño está con su madre observando el cielo nocturno:
—¿Crees que algún día podremos ir a la luna? —pregunta el niño.
Y la madre le contesta:
—Sí, pero hoy no cabemos. ¡Está llena!

—¡Por favor, ayúdeme, mi hija se ha perdido!
—¿Y cómo se llama?
—Esperanza.
—Entonces imposible, ¡la esperanza es lo último que se pierde!

Mi madre en la tienda de juguetes:
—¿Cuánto vale ese osito de peluche?
—Quince euros.
—Tome, me lo llevo.
—¡Espere! ¡Si estos billetes son falsos!
—¿Acaso el osito es de verdad?

Una madre le da dinero a su hijo:
—Te doy 10 euros para que lo repartas a partes iguales con tu hermanito, ¿cuántos euros le vas a dar?
—2 euros.
—¿Aún no sabes dividir?
—Yo sí, pero él no.

—Hoy he soñado que ganaba veinte millones de euros, como mi padre.
—¿Cómo? ¿Que tu padre gana veinte millones de euros?
—No, pero también lo sueña.

El abuelo le pregunta a su nieto:
—A ver, Alejandro, ¿cuántos años crees que tengo?
—No sé, abuelo. Es que solo sé contar hasta cien.

Aitor entra en casa y su madre le pregunta:
—¿Qué nota has sacado en el examen de Música?
Y Aitor contesta:
—Un do.

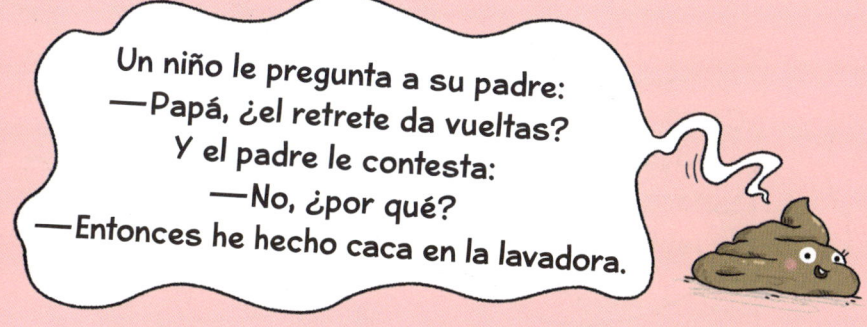

Un niño le pregunta a su padre:
—Papá, ¿el retrete da vueltas?
Y el padre le contesta:
—No, ¿por qué?
—Entonces he hecho caca en la lavadora.

Un padre le pregunta a su hija mientras observan la luna:
—¿Crees que podría vivir gente en la luna?
Y la hija contesta:
—Claro, ¿no ves que tienen la luz encendida?

Una madre le pregunta a su hijo:
—¿Hace cuánto que no le cambias el agua a la tortuga?
Y el hijo responde:
—Aún no hace falta, todavía no ha acabado de bebérsela.

Una niña en el parque ve a un bebé dormido en su carrito y le pregunta a la madre:
—¿Por qué no se mueve? ¿Es que no tiene pilas?

—¿Cómo se llaman tus hijas?
—La mayor Cuétara y la pequeña Fontaneda. ¿Y la tuya?
—María.
—Uy, ¡si le has puesto nombre de galleta!

—Mamá, ¿por qué metes el periódico en la nevera?
—Así leo noticias frescas.

Andrés está haciendo los deberes en su cuarto y le pregunta a su madre:
—Mamá, ¿cómo se escribe «campana»?
Y la madre contesta:
—Tal y como suena, cariño.
Y Andrés escribe: «Tolón, tolón».

Una niña llega a casa del cole:
—Papá, papá, en el colegio me dicen que tengo la nariz enorme.
—Cariño, no les hagas ni caso y vete a sonarte los mocos con la sábana.

Iván está haciendo un puzle, su hermanita llega y le pregunta:
—¿Cuánto vas a tardar en terminar el puzle?
Iván contesta:
—No sé, aquí pone que de nueve
a doce años.

—Mamá, mamá, hoy debía de haber
unas cien mil personas en el metro.
—¡¡¡Te he dicho dos mil millones
de veces que no exageres!!!

¡¡¡¡BEEEEEEEE!!!!

Una niña va en el coche
con sus padres y pregunta:
—Mamá, mamá, ¿de dónde
sale la porcelana?
Y la madre le contesta:
—De las porceovejas.

Una noche de verano en el *camping*, un niño le dice a su madre:
—¡Mamá, mamá! ¡Los mosquitos me quieren picar!
—Pues apaga la luz, así se irán.
De repente, entran un montón de luciérnagas.
—¡Mamá, mamá! ¡Que los mosquitos tienen linternas!

—Papi, ¿qué se siente al tener un hijo tan majo?
—No sé, hijo, pregúntale a tu abuelo.

—Mamá, mamá,
en la escuela me llaman
mentiroso.
—Anda, cállate,
¡hace un año que
acabaste la escuela!

Dos hermanas están paseando
al perro por el parque:
—Tata, ¿por qué el perro
entierra los huesos?
Y su hermana responde:
—Porque no tiene bolsillos.

Cuando mi abuelo tenía
setenta años, el médico
le recomendó que caminara
10 km diarios... Ahora
tiene ochenta años y no
sabemos dónde está.

Un padre le pregunta a otro en la salida del cole:
—¿Me das tu teléfono?
—¡Sí, claro! ¿Y con qué llamo a mis amigos?

—Yo me llamo Bartolo, pero mi padre me llama Bartolomé.
—Pues yo me llamo Paco, pero mi padre me llama Pa' comé.

—Papá, dice mamá que estás obsesionado con el móvil.
—Cállate, Alfonsiete.

—Papá, papá, en el cole me llaman interesado.
—¿Y eso por qué, hijo?
—Dame cinco euros y te lo digo.

¿Por qué algunos niños ponen azúcar debajo de la almohada? Para tener dulces sueños.

María le dice a su papá:
—Papá, ¿me compras un diccionario para ir al cole?
—¡Déjate de diccionarios, al colegio hay que ir a pie!

—Cariño, ¿qué haces pintándote la cara de azul?
—Es que mi mejor amiga se ha ido a pasar el verano lejos y yo quiero estar a zu lado.

EN EL COLE

¿Por qué estaba triste el chiste de Matemáticas?
Porque tenía muchos problemas.

¿Por qué necesita una escalera
el profe de Música?
Para llegar a las notas altas.

—Profe, en casa me dicen
que soy muy distraída.
—Te has vuelto a equivocar
de clase, Gabriela.

¿Qué es blanco solo
cuando está sucio?
Una pizarra.

Una compañera llega tarde
a clase:
—¡Marta, tendrías que haber
estado aquí a las nueve!
—¿Por qué? ¿Ha pasado algo?

¿Cuál es el colmo de un libro?
Que en otoño se le caigan las hojas.

En Educación Física:
—Me da miedo ese deporte de las espadas.
—¿Esgrima?
—No, no, más bien miedo.

En clase de Mates, la maestra pone un problema:
—Si en una mano tengo ocho naranjas y en otra tengo seis, ¿qué tengo?
—Unas manos muy grandes.

—Profe, ¿me castigarías por algo que no he hecho?
—Claro que no, Álex.
—Pues genial, porque no he hecho los deberes.

—A ver, dime una palabra con cinco íes.
—Uf, profe, ¡eso es dificilísimo!
—Bien hecho.

—Julia, ¿qué planeta va después de Marte?
—Miércole, profe.

—Mamá, mamá, ¡en clase soy el más alto, el más fuerte y el que más sabe!
—Eso espero, hijo, ¡eres el profesor!

En clase de Lengua:
—Profe, ¿ayer lleva hache?
—No.
—¿Y hoy?
—Sí.
—¡Cómo cambian las cosas de un día para otro!

El maestro le pregunta a Elena:
—¿Qué mineral es este?
—Es una piedra.
Y los compañeros, susurrándole:
—¡Basalto, es basalto!
Elena:
—¡¡¡UNA PIEDRAAAA!!!

El maestro de Lengua pregunta:
—¿Cómo suena la M con la A?
—Ma.
—Genial. Y si le pones tilde, ¿cómo suena?
—Matilde.

—Mariana, dime dos palabras que tengan tilde.
—Eso está chupado: «Matilde» y «Clotilde».

—¿Qué tal te ha ido el examen?
—Muy mal, lo he dejado todo en blanco.
—¡Ay, no! ¡Yo también! ¡Pensarán que nos hemos copiado!

¿Qué gritan los ordenadores cuando celebran que empieza la clase de Informática?
¡¡¡Bit, bit, hurra!!!

—Sofía, ¿cómo te imaginas el cole ideal?
—Cerrado, profe, cerrado.

—Profe, aquí está mi trabajo.
—¡Pero si le falta la presentación!
—Señoras y señores, con todos ustedes… ¡mi trabajo!

¿Por qué le dio un paro cardiaco a la impresora del cole?
Parece que tuvo una impresión muy fuerte.

—Daniel, ¿podrías decirme con qué mató David a Goliat?
—Con una moto, profe.
—¿Con una moto? No, Daniel, David mató a Goliat con una honda.
—Lo siento, profe, es que no me acordaba de la marca.

Es el primer día de una alumna nueva en clase:
—Hola, ¿cuál es tu nombre?
—María de los Ángeles, ¿y tú?
—Pedro, de Albacete.

¿Para qué va una caja a clase de Educación Física?
Para hacerse caja fuerte.
¿Y por qué no va Bob Esponja?
Porque ya está cuadrado.

¿Quién inventó las fracciones? Enrique Octavo.

En clase, una maestra le dice a Nuria:
—Nuria, has suspendido el trabajo de Sociales.
Y Nuria contesta:
—¡Pero si yo no he hecho nada!
—Por eso, por eso.

Una niña se cae en el recreo y va la enfermera a ayudarla:
—Enfermera..., dígame la verdad, ¿después de la caída podré tocar la guitarra?
—Sí, por supuesto.
—¡Qué pasada! Porque antes no sabía...

El profesor le pregunta a Emma:
—¿No te da vergüenza ser la última de la clase?
—¡Alguien tiene que sacrificarse!

En clase de Mates:
—Ha cometido usted un crimen matemático.
—Pues lo asumo.
—Pues lo arresto.

En el recreo, un compañero de cole le dice a otro que no le cae muy bien:
—¿Quieres que pasemos los dos un fin de semana perfecto?
—¡Vale!
—Pues nos vemos el lunes.

Rodrigo aparece con la mano vendada en el cole, su amigo le pregunta:
—¿Qué te ha pasado?
—Nada, que me quemé.
—¿Que te queté?

En clase de Historia el profesor le dice a su alumna:
—Ana, ¡haz el favor de despertar a tu compañero!
—Despiértalo tú, que se ha dormido por tu culpa.

¿Qué le dice el tobogán
del recreo a otro tobogán?

Hoy todo me resbala.

El primer día de cole, la profesora se presenta:
—Buenos días, mi apellido es Largo. Y una niña le contesta:
—No importa, tenemos tiempo.

Leyre en el examen oral de Inglés:
—¿Cómo se dice «amarillo»?
—*Yellow*.
—¡Fenomenal! Ahora úsalo en una frase.
—Ponme un vaso de agua con *yellow*, por favor.

—¡Jo, no quiero ir a clase, el primer día no se hace nada!
—Tienes que ir, Marcos, ¡eres el profesor!

En clase de Inglés:
—¿Cómo se dice «el gato se cayó al agua y se ahogó»?
—«The cat cataplum in the water glu-glu-glu and not más miau miau».

En un examen un niño le dice al maestro:
—Profe, el bolígrafo no escribe.
—Pues dale aliento.
Y el niño empieza a gritar:
—¡Vamos, boli, tú puedes, confío en ti!

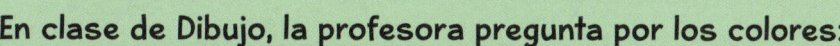

En clase de Dibujo, la profesora pregunta por los colores:
—Valentina, ¿cómo se hace el rosa?
—Con rojo y blanco.
—Muy bien. Gael, ¿cómo se hace el azul cielo?
—Con azul oscuro y blanco.
—Estupendo. Leo, ¿cómo se hace el café?
Y Leo, concentrado, responde:
—¿Solo o con leche?

En clase, el profesor le pregunta a Mateo:

—Si en un bolsillo del pantalón encuentras cinco euros y en el otro tres, ¿qué tienes?

—Pues los pantalones de otro, ¡porque nunca llevo dinero!

Un niño le dice a la profesora:

—Profe, me siento mal.

Y la profesora le contesta.

—Pues entonces siéntate bien.

Una maestra en clase:

—A ver, Martina, ¿qué pasa si te corto una oreja?

—Pues que me quedo medio sorda.

—¿Y si te corto la otra?

—¡Pues que me quedo ciega!

—¿Cómo?

—Claro, ¡porque se me caerían las gafas!

Antes del recreo, la profesora reparte las notas de un examen:

—Andrés, un 10. Santi, un 6, Paula, un 0.

—¿Un 0? ¿Por qué? —se queja Paula.

—Porque te has copiado de Santi.

—¿Y eso cómo lo puedes saber?

—En la última pregunta Santi ha escrito «Esta no me la sé» y tú pones «Yo tampoco».

En clase de Informática, el profesor hace una pregunta:
—A ver, decidme una página web donde se puedan comprar zapatos.
Pablo responde muy rápido:
—Chupado, en *Ta.com.*

En clase de Sociales, un niño le dice a otro:
—No me imaginaba que Albert Einstein fuera así de feo.
—Pues si él es así, imagínate su hermano, Frank Einstein.

—La profe me ha dado un ultimátum, me ha dicho que o presto más atención a lo que dice o...
—¿O qué?
—O no sé qué más.

En clase de Matemáticas:
—A ver, Celia, ¿cuánto es 4 x 4?
—Todoterreno.
—Muy mal... A ver, una más fácil. ¿Cuánto es 2 x 1?
—Una oferta.

—A ver, Valentín, ¿cuánto suman 2 y 2?
—Ni idea, profe, si no me da más datos...

Llega una profesora nueva
a clase y le pregunta a Irene:
—A ver, ¿cuántos años crees
que tengo?
—Por como camina, diría
que tiene 20. Por como viste, 20.
Y por como habla, 20.
En total, 60.

En clase de Historia,
el profesor saca a Martín
a la pizarra:
—¿Dónde están
las pirámides?
—No sé. Mi padre lo sabrá,
que lo guarda todo.

La profesora de Matemáticas
le pregunta a Olivia:
—¿Por qué haces los números
tan pequeños?
—Así se ven menos los errores.

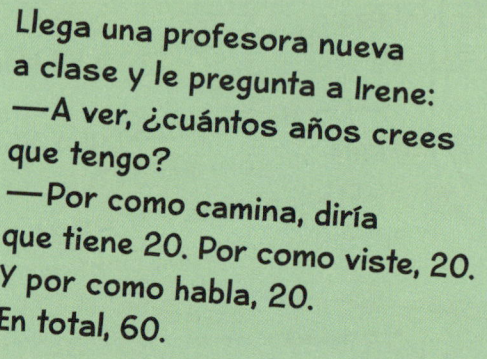

—Para mañana quiero resueltos todos
los problemas de fracciones, decimales,
reglas de tres y divisiones.
Y Marcos le comenta a su compañera:
—Pobre papá, esta noche no duerme.

Dos compis entran tarde a clase:
—Yuri, ¿por qué llegas tarde?
—Porque he soñado que no paraba de viajar por todo el mundo, me he quedado frito.
—Y tú, Juan, ¿por qué llegas tarde?
—Le he ido a buscar al aeropuerto.

En clase de Informática, la profesora pregunta sorprendida:
—¡Pero bueno, Clara! ¿Se puede saber por qué has puesto el ordenador en la ventana?
—Para tener Windows Vista.

La profesora de Filosofía le pregunta a su alumno:
—¿Por qué has dejado el examen en blanco? Si las preguntas son muy fáciles.
—Las preguntas sí. ¡El problema son las respuestas!

En el aula de Informática, la profesora le pregunta a Chloe:
—¿Qué contraseña has puesto?
—No te la puedo decir, es secreta.
—Vale, pero dime cuántas letras tiene, por lo menos.
—¿Cuántas letras tiene MURCIÉLAGO?

El maestro le dice a Amaya:

—Es una vergüenza, no te sabes el nombre de los presidentes. ¡Yo a tu edad me los sabía todos!

—Claro, profe. Cuando usted tenía mi edad solo había dos.

—Manuel, ¿por qué has puesto mi nombre en la pregunta «Di el nombre de un descubridor»?

—Porque cada vez que nos preguntas algo descubres que no tenemos ni idea.

—Álvaro, ¿por qué llegas tarde a clase?

—Es que venía corriendo y me he caído.

—¿Y qué has aprendido?

—Que es mejor quedarse en casa.

—¡Lara, llegas tarde a clase!

—Perdón, es que tengo un problema en la espalda.

—¿Te duele?

—No, ¡se me pegan las sábanas!

Al terminar el examen, un profesor le dice a un alumno
que no ha contestado ninguna pregunta:
—Te haré una última pregunta, y si la sabes, te apruebo.
¿Cuántos pelos tiene la cola de un caballo?
—30798.
—¿Cómo lo sabes?
—Aaaah… ¡Eso ya es otra pregunta!

1201,
1202,
1203...

En clase de Sociales:
—Julio, dime el principio
de Arquímedes.
—Muy fácil. ¡La «a»!

—¿Hoy también
te ha hecho los deberes
tu padre?
—No, esta vez me
he equivocado sola.

En el huerto de la escuela,
la maestra pregunta:
—Fátima, ¿cómo
repartirías 10 patatas
entre 5 personas?
Y Fátima contesta:
—Haría puré.

La profesora le pregunta
a Manuela:
—¿Qué es un caníbal?
—Ni idea.
—A ver, si tú te comieras
a tus padres, ¿qué serías?
—Huérfana, profe. Huérfana.

La profesora de Naturales le pregunta a Lucía:
—A ver, ¿de qué se compone una oreja? Y Lucía contesta:
—Pues de sesenta minutejos.

En la fila para entrar a clase, un compañero le pregunta a otro:
—¿Tu padre trabaja?
—Está intentando entrar a un banco.
—¿Por enchufe?
—No, por un agujero en la pared.

Dos compis están tomando el sol en el patio y una le pregunta a la otra:
—¿Qué le dijo la luna al sol?
—Ni idea.
—¿Tan grande y no te dejan salir de noche?

Natalia se está comiendo un bocadillo de tortilla y otro niño se lo tira al suelo. La maestra lo ve y se acerca:
—¿Qué ha pasado?
—¡Me han tirado el bocata al suelo!
—¿Con intención?
—¡Nooo, con tortilla!

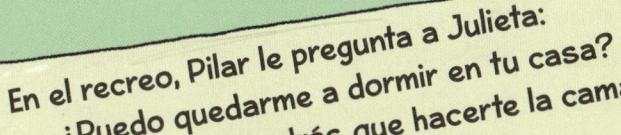

En el recreo, Pilar le pregunta a Julieta:
—¿Puedo quedarme a dormir en tu casa?
—¡Claro! Pero tendrás que hacerte la cama.
—Vale, en mi casa también la hago.
—Pues no te olvides de traer madera, clavos y el martillo.

Un niño en el recreo prueba su bocata:
—El pan está blando.
—¿Ah, sí? ¿Y qué dice?

Por los pasillos del cole, un amigo le dice a otro:
—Yo tengo treinta palomas en casa.
—¿Mensajeras?
—No, no. No t'ensajero nada.

La profesora le dice a Jorge:
—Dime una palabra que tenga muchas oes.
—Muy fácil, profe: ¡GOOOOOOOOOL!

Una maestra en clase:
—Para ser el delegado de clase necesito a alguien muy responsable.
—Profe, ¡elíjame a mí!
—¿Por qué, Isa?
—Porque siempre que pasa algo en casa, yo soy la responsable.

Dos compañeras hablan en el patio:
—¿Sabes que a mi hermano le han puesto gafas?
—¡Pues qué nombre más feo!

En el huerto del cole, el maestro explica los árboles frutales:
—El peral da peras, el naranjo da naranjas, el manzano da manzanas... ¿Cuál es vuestro árbol favorito?
Isabela contesta:
—El árbol de Navidad, ¡porque da regalos!

Pinocho va con sus compañeros de clase de visita al zoo. De repente ve a un elefante y lo señala:
—¡Creo que no soy el único que dice mentiras!

Dos amigos en el recreo de repente ven un cerdo volando:
—Cuando mi padre me dijo el otro día que el jamón estaba por las nubes, ¡no me imaginaba esto!

Mario le pregunta a su *teacher*:
—¿Qué significa «why» en inglés?
—Por qué.
—Por saberlo.

En clase de Naturales:
—A ver, Nieves. ¿Sabes algún animal que no tenga dientes?
—Sí, Tula.
—¿Tula?
—Mi abuelita Tula.

En el comedor del cole, un amigo le pregunta a otro:
—¿Por qué estás siempre comiendo zanahorias?
—Porque son muy buenas para la vista.
—¿Y eso cómo lo sabes?
—¿Has visto alguna vez a un conejo con gafas?

Una niña está en el comedor del colegio y descubre que hay una mosca en el puré:
—¡Hay una mosca en el puré!
Y el cocinero contesta:
—Tranquila, ya se la comerá la araña de la ensalada.

Sara está aprendiendo a tocar el violín, y habla con su amigo del cole:
—¡Me acaban de dar una beca para acabar mis estudios en Noruega!
—¿Quién? ¿El conservatorio?
—No, mis vecinos.

En el recreo, Irati habla con su amiga:
—Mi perro es increíble. El otro día se perdió y me encontró a más de trescientos kilómetros usando solo su olfato. ¿Qué te parece?
—Que necesitas una ducha.

En el recreo, Li comenta con su amiga:

—Ayer mi padre compró un par de zapatos de cocodrilo, pero tuvo que devolverlos.

—¿Por?

—Es que nuestro cocodrilo tiene cuatro patas, y con dos zapatos ya me dirás...

El profesor le pregunta a Carlos:

—A ver, Carlos, dime cuatro cuadrúpedos.

—Un perro, un gato, un caballo y dos gallinas.

Se encuentran dos compañeros de clase y uno le dice al otro:

—¡Recuerdos de Javi!

—Gracias.

—¡Recuerdos de Javi!

—Gracias.

—¡Recuerdos de Javi!

—Ya está bien, ¿no?

—¡Es que me dio muchos recuerdos para ti!

El profesor de Naturales pregunta:

—Andrea, ¿qué es una leona?

—Un mamífero.

—Muy bien. ¿Y un león?

—Un papífero.

En la extraescolar de patinaje, la monitora les explica:

—Tranquilos, chicos, ¿sabéis qué es lo más duro cuando se empieza a patinar?

—¿El qué?

—El suelo.

En clase de Naturales, la maestra le pregunta a Susana:
—Dime cuatro miembros de la familia de los invertebrados.
—La serpiente..., el papá serpiente, la mamá serpiente y la serpientita.

En clase de Lengua, la profesora le dice a Cristina:
—Cris, haz una frase simple.
—El perro ladra cerca de la casa.
—¿Podrías hacerla más simple?
—¡Guau, guau!

—Dieguito, espero no verte copiando en el examen.
—Yo también lo espero, profe.

Luis le pregunta a su amiga, antes de clase:
—¿Viste el apagón de ayer?
—¿Cómo lo voy a ver si en mi casa se fue la luz?

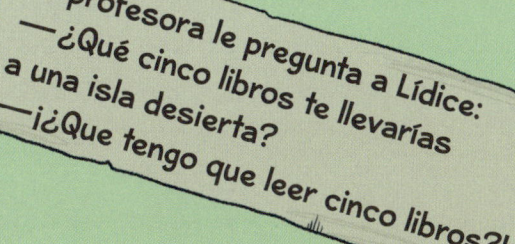

La profesora le pregunta a Lídice:
—¿Qué cinco libros te llevarías a una isla desierta?
—¡¿Que tengo que leer cinco libros?!

DE IDIOMAS

¿Cómo se dice «estoy muerto» en inglés?
Memory.

¿Cómo se dice «perro» en inglés?
Dog.
¿Y veterinario?
Dogtor.

— ¿Nivel de ruso?
— Excelentovsky.
— No sabe nada, ¿verdad?
— Exactovsky.
— ¡LÁRGUESE DE AQUÍ!
— Hasta luegovsky.

¿Cómo se dice «trueno» en alemán?
Nubescrujen.

¿Cómo se dice «ascensor» en árabe?
Aliba va.

¿Cómo se dice «me equivoqué» en francés?
Le pifié.

¿Cómo se dice «el tren pasó cerca del perro» en francés?
Le shushú pasó juntó al guauguaú.

¿Cómo se dice «calzoncillo» en italiano?
Lacasita della miacolita.

¿Cómo se dice «bigote» en italiano?
Trampolini di moco.

¿Cómo se dice «calvicie» en portugués?
Aeroporto dos mosquitos.

¿Cómo se dice «butanero» en élfico?
Eldelgas.

¿Cómo se dice «camarero» en élfico?
Eldelbar.

¿Cómo se dice «bicicleta» en japonés?
Kasimoto.

¿Cómo se dice «papel higiénico» en japonés?
Kita Kakita.

¿Cómo se dice «fin» en japonés?
Sakabó.

¿Cómo se dice «99» en chino?
Cachi chien.

¿Cómo se dice «náufrago» en chino?
Chinchulancha.

¿Qué le dice un niño zombi a otro niño zombi?
—¿Quieres gusanitos?

¿Cómo son los zombis que van a tu casa?
¡Zombienvenidos!

¿Cuánto cuesta mantener a un zombi bien alimentado?
¡Un riñón!

En la noche de Halloween, Silván le pregunta a su padre:
—Papá, ¿en esta casa hay fantasmas?
—No, hijo, ¿quién te ha dicho eso?
—El cocinero.
—¡Coge tus cosas, nos vamos de casa inmediatamente!
—¿Por qué?
—¡¡¡Porque no tenemos cocinero!!!

¿Dónde nadan los zombis?
En el mar Muerto.

¡Estoy hecho trizas!
Firmado: Frankenstein.

Si dos zombis
se cuentan chistes...,
¿zombiengraciosos?

Si los zombis se dejan
bigote..., ¿zombigotudos?

Si los zombis
hacen guardia...,
¿zombigilantes?

Si los zombis llegan
a la tercera edad...,
¿zombiejitos?

Si los zombis tienen la mirada torcida..., ¿zombizcos?

¿Qué le dice un zombi
a un extraño?
—Encantado
de comerte.

Si los zombis
pelean...,
¿zombiolentos?

Si los zombis llevan
cascos con cuernos...,
¿zombikingos?

Si los zombis se deshacen con el paso del tiempo...,
¿zombiodegradables?

Rosalía visita un castillo antiguo con sus padres. De repente, se encuentra un fantasma al que se le había caído el pañuelo. Rosalía lo coge:
—¡Señor, se le ha caído el pañuelo!
Y el fantasma responde:
—Un respeto, es mi hijo.

¿Qué le dice un fantasma a otro?
—¿Crees en las personas?

¿Por qué a los esqueletos no les gusta la lluvia? Porque se calan hasta los huesos.

¿Qué pide un vampiro cuando entra en un bar? Un vaso sanguíneo.

Está una niña en la Casa del Terror y un fantasma grita:
—Uuuh, ¡doy mucho miedo!
—¡No, gracias! ¡Ya tengo mucho yo!

¿Cuál es el colmo de un robot asesino? Que tenga nervios de acero.

—¿Cómo te llamas?
—Vampi.
—¿Vampi qué?
—Vampi Rito. ¿Y tú?
—Otto.
—¿Otto qué?
—Otto Vampirito.

¿Qué hace un vampiro conduciendo un tractor? Sembrar el miedo.

¿Cuál es el colmo de un vampiro?
Ninguno, porque los vampiros
no tienen colmo, tienen colmillos.

—¿Vio usted a un hombre sospechoso doblando la esquina?
—No, cuando llegué ya estaba doblada.

—Mamá, mamá, en el cole
me llaman bruja.
—¡Pero bueno!
¿Y tú qué les dices, hija?
—Nada. Los convierto
en sapos a todos.

Un vampiro con la boca llena de sangre le pregunta a otro:
—¿Dónde encontraste esa sangre tan rica?
—¿Ves ese muro de hormigón que está allí?
—Sí.
—Pues yo no lo vi.

SUPERCHISTES DE SUPERHÉROES

¿Qué poder usa Superman
para pasarse el día
sin dar ni golpe?
Supereza.

¿Cómo pasa Superman
cuando hay mucha gente?
Con supermiso.

¿Qué se pone Superman
cuando sale de la ducha?
Superfume.

¿Cuál es el colmo
de Batman?
Que le robin.

¿Qué es Thor montado
en un taxi?
Un conducthor.

¿A qué islas va Batman
de vacaciones?
A las islas Batleares.

¿Qué hace Batman
cuando cocina?
Un batidillo.

¿Qué le cuenta Batman
a Robin para pasar el rato?
Sus batallitas.

¿Cuál es el deporte favorito
de Batman?
El bátminton.

¿Qué hace Aquaman
cuando tiene sueño?
Se aguanta.

¿Dónde compra su comida
Superman?
En el supermercado.

¿Qué le regaló Batman
a su papá por
su cumpleaños?
Una batidora.

DE ANIMALES
Y OTRAS BESTIAS

Definición de «guerra de pandillas».
Cuando dos pandas pequeños se pelean.

¿Qué le dice
un pollito
a su enemigo?
—¡Caldito seas!

—¿Sabías que los peces
solo tenemos dos segundos
de memoria?
—¿Qué?
—¿Qué de qué?

¿Cuál es el colmo de una abeja?
Estar de luna de miel.

¿Qué le dice un pato a otro pato?
—Estamos empatados.

¿Qué hace un perro con un taladro?
Taladrando.

—¿Qué le dice un pez a otro?
—Nada.

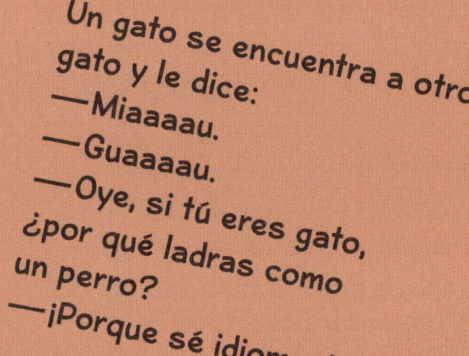

Un gato se encuentra a otro gato y le dice:
—Miaaaau.
—Guaaaau.
—Oye, si tú eres gato, ¿por qué ladras como un perro?
—¡Porque sé idiomas!

Una hipoteca es donde los hipopótamos van de fiesta los sábados por la noche.

¿Cuál es la diferencia entre una pulga y un elefante? Que el elefante puede tener pulgas, pero la pulga no puede tener elefantes.

Llaman a casa y lo coge el perro de la familia:
—¿Guau?
La persona que ha llamado, sorprendida, exclama:
—¡¿Perdón?!
—¡Guau!
—Perdone, pero creo que no le entiendo bien.
Y el perro, ya sin paciencia, aclara:
—A ver: G de gato, U de Uruguay, A de Alemania y U de universo.

¿Por qué las cigüeñas encogen una patita para dormir?
Porque si encogieran las dos se caerían.

¿Qué le dice una iguana
a su hermana gemela?
—Somos iguanitas.

¿Qué le dice un jaguar a otro?
—¿Jaguar you?

Dos ovejas están jugando
al fútbol. Una tira el balón
muy lejos y la otra le dice:
—Beeeeeee.
Y la primera le contesta:
—Beeeeeee tú.

¿Sabes de dónde vienen
los hámsters?
De Hámsterdam.

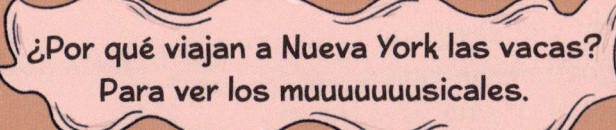

¿Por qué viajan a Nueva York las vacas?
Para ver los muuuuuuusicales.

¿Qué le darías a un perro con fiebre?
Kétchup, porque sería un perrito caliente.

Si una vaca se come unas tijeras..., ¿le sale la leche cortada?

¿Por qué los leones comen carne cruda?
Porque no saben cocinar.

—Jo, ¡me picó una serpiente el otro día!
—¿Cobra?
—No, gratis.

Una serpiente le pregunta a su mamá:
—Mami, ¿somos venenosas?
—¿Por qué lo quieres saber?
—¡Porque me acabo de morder la lengua!

¿Qué se dijeron dos vacas
antes de pelearse?
—Ni mu.

¿Dónde vive el ñu?
En Ñu York.

¿Qué es un burro?
¡Un caballo que no quiso ir al cole!

¿Qué le dice un gusano
a otro?
—Me voy a dar
la vuelta a la manzana.

Una madre mosquito les dice a sus hijos mosquitos:
—Hijos, tened mucho cuidado con los humanos
y no os acerquéis a ellos. Siempre quieren aplastarnos.
A lo que uno de sus hijos contesta:
—No, Mami, eso no es cierto. El otro día un humano
se pasó la tarde aplaudiéndome.

¿Adónde van las pulgas
cuando se mueren?
Al pulgatorio.

Van dos mosquitos en una moto
y el de atrás le dice al de delante:
—¡Para, para, que se me acaba
de meter una mosca en el ojo!

¿Qué le dice un plátano
a un perro?
Nada, ¡los plátanos
no hablan!

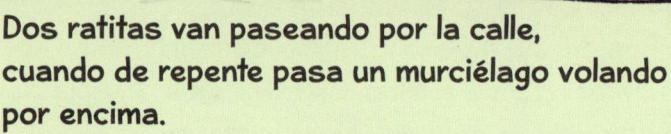

Dos ratitas van paseando por la calle, cuando de repente pasa un murciélago volando por encima.
—¿Qué es eso? —pregunta una.
—Mi novio, que es piloto.

¿Qué le dice una pulga a otra pulga?
—¿Vamos a pie o esperamos al perro?

¿Qué le dice un pingüino a una pingüina?
—¡Como tú, ningüina!

¿Qué hace una vaca pensando? Hace leche concentrada.

¿Por qué el león tiene la melena tan larga? Porque ningún peluquero se atreve a cortársela.

¿Qué hace una abeja en el gimnasio? Clase de zumba.

¿Qué le dice una gallina tristona
a otra gallina tristona?
—Necesitamos apoyo.

—Tu perro parece un gato.
—Es que es un gato.
—Pues entonces parece un perro.

¿Por qué los patos
no tienen amigos?
Porque son
muy antipáticos.

¿Por qué hay gente que lleva
un tigre en el coche?
Porque si se te pincha una
rueda, ¡es más fuerte que
un gato para levantar el coche!

¿Qué es un pez
en el cine?
Un mero
espectador.

¿Cómo puedes saber si hay un elefante debajo de tu cama? Porque estás tocando el techo con tu nariz.

¿Cuál es el animal más viejo del mundo? La vaca, porque aún está en blanco y negro.

¿Qué hacen dos pollitos cerca de un restaurante de pollo asado? Ver una peli de terror.

¿Qué le dice un topo a otro? —¡Me encanta cuando me topo contigo!

¿Qué hace una ratita sentada en un banco? ¡Esperando un ratito!

Un caballo entra
en un restaurante
y se sienta en una mesa.
El camarero lo mira raro:
—¿Le pasa algo?
El caballo, sin saber
muy bien por qué, pregunta:
—No, ¿por qué lo dice?
Y el camarero responde:
—Nada, como lleva
esa cara tan larga…

—¿Quieres que te
cuente un chiste?
—Claro.
—Había una vez
un osito que se subió
a un árbol y se cayó.
¿Te ha hecho gracia?
—No.
—Pues al osito tampoco.

plop

Iba un ciempiés por el monte y se tropezó
con una ramita, se tropezó con una ramita,
se tropezó con una ramita, se tropezó con
una ramita, se tropezó con una ramita, se tropezó
con una ramita, se tropezó con una ramita…

73

¿Cuál es el colmo de una jirafa?
Estar hasta el cuello de deudas.

Un señor entra
al veterinario con su loro:
—Señor, sé que los loros
hablan, pero el mío no
ha dicho ni una sola
palabra en tres años.
Y el veterinario contesta:
—No me extraña,
¡ese loro es de peluche!

¿Qué hace una gallina
cuando tiene fiebre?
Huevos cocidos.

¿Cuál es el colmo de un pájaro?
Tener vértigo.

En la fila para entrar a clase, un niño le cuenta a su amigo:
—Como mi perro era muy agresivo, lo mandamos un mes
a una escuela para educarlo.
—¿Y qué tal ha ido?
—Muy bien, ahora antes de atacar a alguien pide permiso
y dice «Por favor».

Jacobo, en el salón de su casa, saca un tablero de ajedrez y empieza a jugar con su perro. Juegan una partida tras otra, ante el asombro de sus primos. Uno de ellos se acerca y le dice:

—¡Es increíble! ¡Tu perro es un genio!

Y Jacobo contesta:

—¡Pero qué dices! ¡Si de cuatro partidas ha perdido tres!

¿Sabes por qué los gatos son los mejores jugando a videojuegos? Porque tienen siete vidas.

¿Cuál es el león que no ruge nunca? El camaleón.

¿En qué idioma le habla la tortuga a la tortuguita? En tortugués.

¿Por qué los gorilas
tienen los agujeros
de la nariz tan grandes?
Porque también tienen
los dedos enormes.

¿Cuál es
el colmo de
una jirafa?
Tener la cabeza
en las nubes.

Circe entra en un refugio de animales y le pregunta al señor:
—¿Esa tortuga es marina?
El señor contesta:
—Sí.
Y Circe, horrorizada:
—¡Oh, no! ¡Marina! ¿Quién te ha convertido en tortuga!

¿Cuál es el colmo de un gato tonto?
Cazar ratones de biblioteca.

Van dos atunes nadando por el mar y de repente se cruzan con un grupo de personas dentro de un submarino. Uno le dice a otro:
—Mira, ¡si ahora venden humanos en lata!

¿Sabes por qué el granjero puso una brújula en el gallinero? Para saber dónde estaba el pollo norte y dónde el pollo sur.

¿Sabes cuál es la bebida favorita de los koalas? La Coca-Koala.

¿Qué le dice un pez mago a otro pez mago?
—¡Nada por aquí, nada por allá!

¿En qué caso trae mala suerte cruzarse con un gato negro? Cuando eres un ratón.

¿Qué animal puede saltar más alto que una casa? Cualquiera, las casas no saltan.

¿Cuál es el colmo de un gato? Llevar una vida de perros.

¿Cuál es el pez que huele mucho? El a-pez-tozo.

¿Qué haría una rata con una metralleta? ¡RATATATATATATATATA!

¿Cuál es el animal más antiguo del mundo? El pingüino, porque está en blanco y negro.

—¿Sabes cuál es la diferencia entre un sofá y un puercoespín?
—No tengo ni idea.
—¡Prueba a sentarte en un puercoespín y lo sabrás!

¿Sabes qué animal hace UUUUM? Una vaca andando hacia atrás.

¿Por qué los tiburones viven en agua salada? Porque si vivieran en agua con pimienta no pararían de estornudar.

¿Cuál es el último animal del mundo? El delfín.

¿Cuál es el animal qué más cualidades tiene?
El oso. Porque es chist-oso, amor-oso, mim-oso,
cuidad-oso, respetu-oso, exit-oso...

¿Cuántas ovejas se necesitan
para hacer un jersey de lana?
Según lo bien que se les dé tejer.

¿Qué hace un pez en una
pecera llena de gaseosa?
Darse un baño de burbujas.

¿Sabes qué animal es gris
y morado y muy muy grande?
Un elefante aguantándose
la respiración.

¿Cuál es el colmo de una oca?
Que su juego favorito sea el parchís.

¿Cuál es el animal
que tiene más
dientes?
El Ratoncito
Pérez.

¿Cuál es el colmo de un canguro?
Saltarse todas las comidas.

¿Cuál es el colmo de un loro?
Tener un hijo repetidor.

¿Cuál es el colmo de una mosca?
Que la derroten
los tres mosquiteros.

¿Qué es una cebra?
Un caballo en pijama.

¿Cuál es el animal que es dos en uno?
El gato, porque es gato y araña.

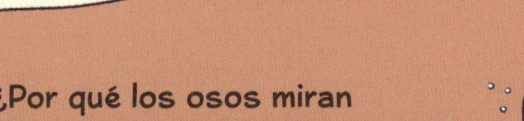

¿Por qué los osos miran
al cielo todas las noches?
Porque no pueden dejar
de mirar a la Osa Mayor.

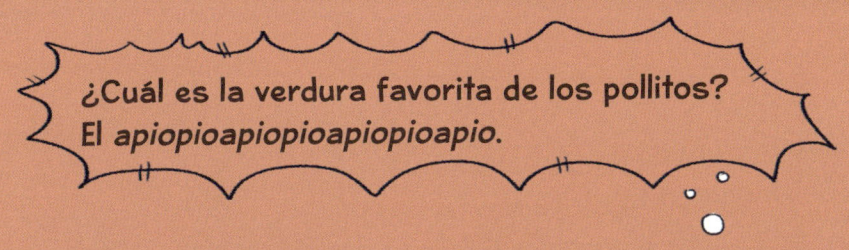

¿Cuál es la verdura favorita de los pollitos?
El *apiopioapiopioapiopioapio*.

¿Dónde se sientan los peces
cuando están cansados?
En los bancos de arena.

¿Cuál es el colmo
de un oso panda?
Que le saquen
una foto a color y salga
en blanco y negro.

¿Qué es tan grande como un mamut
pero no es un mamut?
La sombra de un mamut.

BUS
STOP

PARA COMER Y REÍR

—Mamá, ¿es cierto que las abejas hacen miel?
—Claro, hija. Es verdad.
—¿Y cómo se las apañan para cerrar los tarros?

¿Cuál es el pan que se lava?
El pan-talón.

¿Cómo se despiden los limones?
—Ácido un placer.

Un señor entra en un bar de pinchos y grita:
—¡Aaaay!

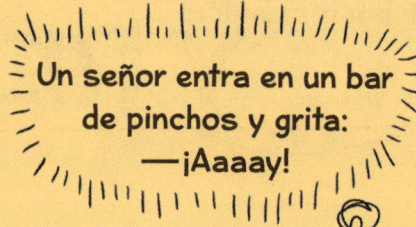

¡¡Me tienes frito!!

¿Qué le dice un huevo a una sartén?
—¡Me tienes frito!

—Mamá, ¿qué hay de comer hoy?
—¿Ves ese bote de helado?
—¡¡¡Sííí!!!
—Pues ábrelo, ahí tienes algo de sopa.

—Mamá, mamá, ¿los caramelos de chocolate caminan por la pared?

—Pues no, cariño, los caramelos no caminan.

—Ah…, pues entonces me he comido una cucaracha.

¿Cuál es la fruta
que se pone siempre
en la sartén?
El mango.

Era un niño tan alto
tan alto tan alto
que se comió un yogur
y cuando le llegó al
estómago ya estaba
caducado.

—Vega, ¿por qué tu
redacción sobre la leche
es tan corta?
—Porque trata de la leche
condensada, profe.

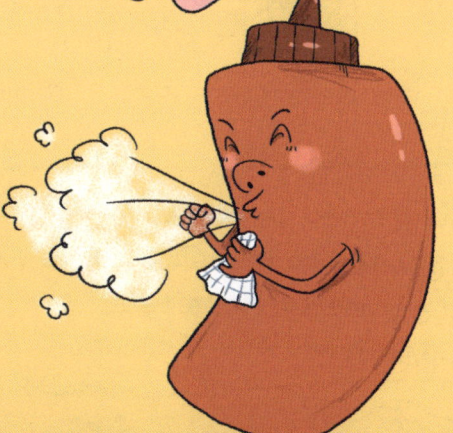

¿Cómo estornuda
un tomate?
¡Kééééétchup!

—¡Corre a la cocina, que las lentejas se están pegando!
—Yo no me meto en peleas, que se peguen entre ellas.

¿Cuál es el baile favorito del tomate?
La salsa.

¿Qué es una tarta
que no habla?
Una tartamuda.

¿Qué es un tomate
con una capa?
Supertomate.
¿Y un plátano
con una capa?
¡Un plátano disfrazado
de Supertomate!

Una madre lleva a su hijo a una hamburguesería:
—¿Este es un restaurante de comida rápida? —pregunta.
Y el camarero contesta:
—Sí, aquí tiene la cuenta.

¿Qué le dice una barra de pan a otra?
—¿Te presento a una miga?

—¿No te das cuenta de que solo piensas en comida?
—¿A qué te refieres croquetamente?

¿Qué le dice un espagueti a otro?
—¡El cuerpo me pide salsa!

—Perdone, ¿me puede poner un bocadillo de jamón?
—¿York?
—Sí, turk.

¿Qué le dice una taza a otra taza?
—¿Qué taza ciendo?

Un niño va con su padre a tomar un zumo
y encuentra una mosca en el vaso:
—¡Hay una mosca en mi vaso!
Y el camarero le responde:
—¡Tranquilo, está incluida en el precio!

Una pera esperando
el autobús. Llega una manzana
y le pregunta:
—¿Hace mucho que espera?
—Toda la vida, señor.

¿Cómo se llama el primo
vegetariano de Bruce Lee?
Broco Lee.

¿Qué le dice una mora a otra?
—Tú me ena-moras.

¿Qué es rojo y se mueve
hacia abajo y hacia arriba?
Un tomate en ascensor.

¿Qué es marrón, tiene pelitos
y lleva gafas de sol?
Un coco de vacaciones.

¿Qué le dice
un queso a otro?
—Quesería de mí
sin ti.

Están tranquilamente charlando dos uvas, una verde y una morada. La uva verde le dice a la morada:
—¡Respira, respira!
Y la uva morada le contesta a la verde:
—Y tú madura.

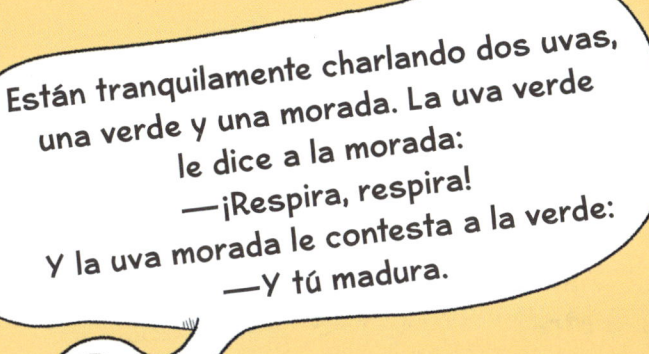

Hay un montón de manzanas en un árbol y de repente una se cae al suelo. Todas las de arriba empiezan a reírse y a burlarse de la que se ha caído, y esta responde:
—No os riáis, ¡inmaduras!

¿Qué hace un chico con un sobre de kétchup en la oreja?
—Está escuchando salsa.

¿Qué le dijo el azúcar a la leche?
—Nos vemos en el café.

Dos pepinos se encuentran en el camino y ven a un tomate pasar.
—¿Lo invitamos a tomar café?
—No, él solo toma té.

¿Qué le dice una botella de agua a otra?
—Me gustas porque eres transparente.

A Teo le han regalado una caja de bombones.
Pero cuando llega su madre, ya no queda ninguno.
—¡Te has zampado todos los bombones y no te has acordado de mí! —dice su madre.
Y Teo contesta:
—Claro que sí, por eso me los he comido antes de que llegaras.

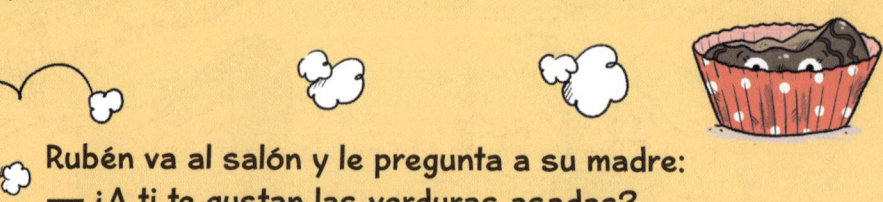

Rubén va al salón y le pregunta a su madre:
—¿A ti te gustan las verduras asadas?
Y la madre responde:
—Claro, me encantan.
Y Rubén contesta:
—Pues menos mal, ¡porque la cocina está ardiendo!

Una familia tenía una nevera tan pequeña tan pequeña que tenían que comprar la leche desnatada porque entera no cabía.

Matilda ve que hay una mosca en su sopa, y muy alertada, llama a la monitora del comedor:
—¡Hay una mosca en mi sopa!
Y la monitora contesta:
—Si quieres le traigo un flotador.

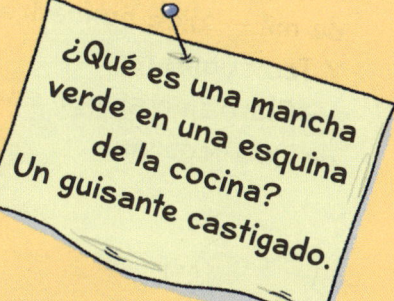

¿Qué es una mancha verde en una esquina de la cocina? Un guisante castigado.

Un bollito va cantando por la montaña:
—¡Soy un bollito, soy un bollito!
De repente, un cazador le pega un tiro justo en el centro. El bollito, sigue su canción:
—¡Soy un dónut, soy un dónut!

DE MÉDICOS, DEPORTISTAS Y OTRAS PROFESIONES

Un hombre va al circo en busca de trabajo y el director le pregunta:

—A ver, ¿usted qué sabe hacer?

—Sé imitar pájaros.

—Bah, ¡eso lo sabe hacer todo el mundo!

—Ah, bueno... En ese caso no le hago perder más el tiempo.

¡Y el hombre abre las alas y sale volando!

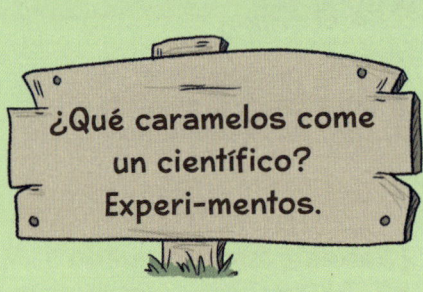

¿Qué caramelos come
un científico?
Experi-mentos.

¿Cuál es el colmo
del jardinero del colegio?
Que lo dejen plantado.

—¿Y qué le parece ese chico?

—Es un jugador muy prometedor.

—¿Es bueno?

—No, pero hace cinco años que me está prometiendo jugar mejor.

Era un jugador de fútbol tan malo tan malo tan malo... ¡que fallaba hasta en las repeticiones!

¿Cuál es el colmo de un astronauta? Tener un hijo lunático.

¿Cuál es el colmo de un futbolista? Que le salga un hijo pelota.

¿Cuál es el colmo de un farmacéutico? Que su pareja se llame Remedios.

41,5 ºC

¿Sabes cómo se queda un mago después de comer? Magordito.

¿Por qué fue el ordenador al médico? Porque tenía un virus.

En la autoescuela, el profesor pregunta:
—Rubén, ¿para qué sirven los frenos, el acelerador y el volante?
—Pues... el freno, para frenar, el acelerador, para acelerar, y el volante..., ¡para volar!

Un señor entra en una librería.
—Perdone, ¿dónde está la sección de libros sobre el sentido del gusto?
—Lo siento, sobre gustos no hay nada escrito.

—Buenos días, busco trabajo.
—¿Le interesa de jardinero?
—¿Dejar dinero?
¡Si lo que busco es trabajo!

¿Cuál es el colmo de un peluquero?
¡Perder el autobús por los pelos!

¿De qué se quejan los astronautas?
De falta de espacio.

—Doctor, doctor, me duele aquí.
—Pues póngase allí.
—Doctor, doctor, me sigue doliendo.
—Doliendo, ¡deja de seguir al señor!

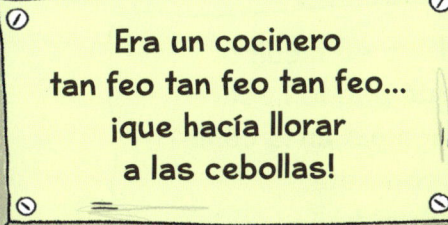

Era un cocinero
tan feo tan feo tan feo...
¡que hacía llorar
a las cebollas!

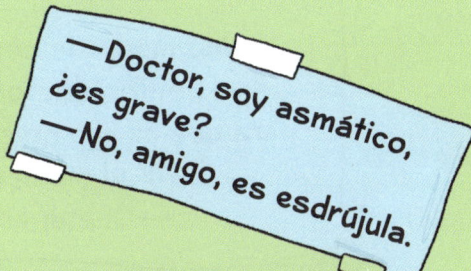

—Doctor, soy asmático,
¿es grave?
—No, amigo, es esdrújula.

¿Por qué una caja contrata
a un entrenador personal?
Para hacerse caja fuerte.

¿Cuál es el colmo
de un electricista?
Que su pareja se llame
Luz y sus hijos
le sigan la corriente.

—¿De qué trabajas?
—Mato zombis.
—¡Anda ya! Pero si eso no existe.
—¿Alguna vez has visto alguno?
—No.
—Eso es porque hago bien mi trabajo.

Un paciente entra en el hospital.
—¿Qué es lo que le ha traído
por aquí? —le pregunta el médico.
—Una ambulancia, ¿por qué?

Una madre le consulta a su médico:
—Doctor, doctor, ¿qué puedo hacer
para que mi hijo no se haga pis en la cama?
Y el médico le contesta:
—Que duerma en el baño.

—¡Soldado Martínez!
—¡Sí, mi capitán!
—No lo vi ayer en
las pruebas de camuflaje.
—¡Gracias, mi capitán!

—¡Rápido, necesitamos sangre!
—Yo soy 0 negativo.
—Pues muy bien, ¡necesitamos
una mentalidad optimista!

¿Qué son 50 físicos
y 50 químicos juntos?
Pues 100 tíficos.

Una abuelita se ha resfriado y va a la consulta. El médico le pregunta:
—¿Cuántos años tiene?
—Ochenta y cinco.
—Bien. Ahora diga treinta y tres.
—¡Pero no ve que nadie me va a creer!

A Rodrigo, su madre le ha encargado comprar algo
de pollo para comer:
—¿Hola, es la carnicería?
—No, es la zapatería.
—Ay, disculpe, me he equivocado de número.
—No importa, tráigalos que se los cambiamos.

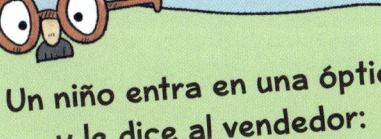

Un niño entra en una óptica
y le dice al vendedor:
—Quiero comprar unas gafas,
    por favor.
    —¿Para el sol?
    —No, para mí.

—Soy experto en jeroglíficos.
—Pues échale un vistazo al mío,
        que no enfría bien.

—Pone usted en su
currículum que se le
da bien la construcción.
—Desde Lego.

¿Cuál es el colmo de un policía?
Tener dos esposas.

DE TODO UN POCO

¿Cuál es el colmo más pequeño?
El colmillo.

—¿Qué tal te fue la operación de tu oído?
—Sí.

¿Cuál es el colmo de Suecia?
Estocolmo.

—¿Te sabes el chiste de Pocoyó?
—No.
—Pues tampoco yo.

¿Qué le dijo un globo al otro en el desierto?
—¡Cuidado con el cactussssssss!

¿Cómo se queja Kung-fu?
Kun furia.

¿Cómo pelea Kung-fu?
Kun fuerza.

¿Qué le dice una percha a otra?
—Hablamos luego, ahora debo colgar.

¿Cómo está Kung-fu?
Kunfundido.

¿Cómo cocina Kung-fu?
Kun fuego y kun fundamento.

¿Qué le dice el 0 al 8?
—Me gusta tu cinturón.

¿Por qué a la cama se la llama cama y a la cómoda cómoda, si es más cómoda la cama que la cómoda?

103

¿Qué le dice un árbol a otro?
—¿Qué pasa, tronco?

¿Cuál es la cosa más graciosa del mundo?
La escoba.
¿Por qué?
Porque siembre ba-rriendo.

Era un chico tan gafe tan gafe tan gafe que se sentó en un pajar ¡y se clavó la aguja!

Era un chiste tan malo tan malo tan malo... ¡que pegaba a los chistes más pequeños!

¿Qué le dice
una impresora
a otra?
—¿Esa hoja es tuya
o es impresión mía?

—¿Cuántos locos crees que hay
caminando sueltos por la calle?
—A mí me da igual,
¡como soy invisible!

¿Qué le dice un cable
a un enchufe?
—Siento una fuerte
conexión contigo.

¡NO!

?

¿Cuál es el colmo de una persona bajita?
Que la policía lo pare por la calle gritando:
—¡¡¡ALTO!!!

¿De qué murió el señor que inventó la almohada de piedra?
De un almohadazo.

—Oye, ¿tú de dónde
eres?
—Yo, de Madeira.
—¿Sí?, ¡como Pinocho!

¿Qué le dijo un
microondas a otro?
—¿Soy yo o aquí
hace mucho calor?

¿Cuál es el colmo
de Aladino?
Tener mal genio.

—¿Tú duermes del lado derecho
o del lado izquierdo?
—De los dos. Me duermo entero.

¿Qué le dijo un techo a otro techo?
—Techo de menos.

Dani le dice a su amigo:
—Ayer leí *El Señor de los Anillos* en dos horas.
—¡¿En dos horas?!
—Sí, sé que son solo cinco palabras, pero fui sin prisa.

¿Qué le dice un grano de arena a otro en el desierto?
—Tío, creo que nos persiguen.

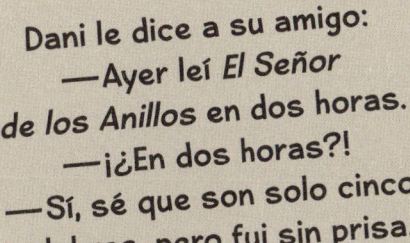

¿Qué es un pelo en una cama?
El bello durmiente.

¿Qué le dijo un ojo a otro?
—Entre nosotros, ¡algo huele!

¿Qué le dice un *pendrive* a otro?
—Necesito más espacio.

¿Qué le dice un semáforo a otro?
—¡No me mires que me estoy cambiando!

TRABALENGUAS

Me han dicho un dicho
que dicen que he dicho yo.
Ese dicho está mal dicho,
pues si yo lo hubiera dicho,
estaría mejor dicho que ese dicho
que dicen que algún día dije yo.

Ornitorrinco, ornitorrinco,
atrévete y pega un brinco.

El perro de San Roque no tiene rabo
porque Ramón Ramírez se lo ha cortado.

Si le echa leche al café
para hacer café con leche,
para hacer leche con café,
¿qué hace falta que le eche?

Pancha plancha con cuatro planchas.
¿Con cuántas planchas plancha Pancha?

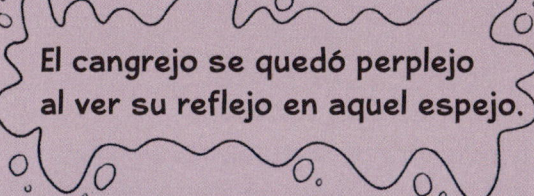

El cangrejo se quedó perplejo
al ver su reflejo en aquel espejo.

Pedro Pérez pintor
pinta preciosos paisajes
por pocas pesetas
para poder partir
para París.

Teresa trajo las tizas.
¿Y cómo las tizas trajo?
Hechas trizas
las tizas trajo.

Erre con erre, guitarra;
erre con erre, carril:
rápido ruedan los carros,
rápido el ferrocarril.

El hipopótamo Hipo está con hipo,
¿quién le quita el hipo al hipopótamo Hipo?

El rey de Constantinopla
se quiere desconstantinopolizar.
El que lo desconstantinopolice
buen desconstantinopolizador será.

Juan tuvo un tubo, y el tubo que tuvo se le rompió,
y para recuperar el tubo que tuvo,
tuvo que comprar un tubo
igual al tubo que tuvo.

Pablito clavó un clavito.
¿Qué clavito clavó Pablito?

Cuando cuentes cuentos,
cuenta cuántos cuentos cuentas,
porque si no cuentas cuántos cuentos cuentas,
nunca sabrás cuántos cuentos
sabes contar.

La araña con maña amaña la laña.
La araña con maña teje la telaraña.
La araña con maña es una tacaña.

Tres tristes tigres
tragaban trigo en un trigal.
En tres tristes trastos,
tragaban trigo tres tristes tigres.

A Cuesta le cuesta
subir la cuesta.
Y en medio de la cuesta,
Cuesta va ¡y se acuesta!

El cielo está enladrillado,
¿quién lo desenladrillará?
El que lo desenladrille
buen desenladrillador será.

ADIVINANZAS

Encuentra las soluciones en las páginas 124 y 125.

1. Por un camino de hierro voy corriendo muy veloz,
   doy un fuerte silbido cuando llego a la estación.

2. Soy pájaro sin nido con las alas de metal,
   las ruedas tengo de goma y los ojitos de cristal.

3. Vehículo soy, hago muchísimo ruido,
   pero solo dos viajan conmigo.

4. Dos ruedas, un sillín y un manillar.
   Si subes sobre ella, te hará sudar.

5. Encima de la cabeza gira mi gran abanico
   y en la punta de la cola gira otro pequeñito.

6. Tiene dientes y no come, tiene cabeza
   y no es hombre.

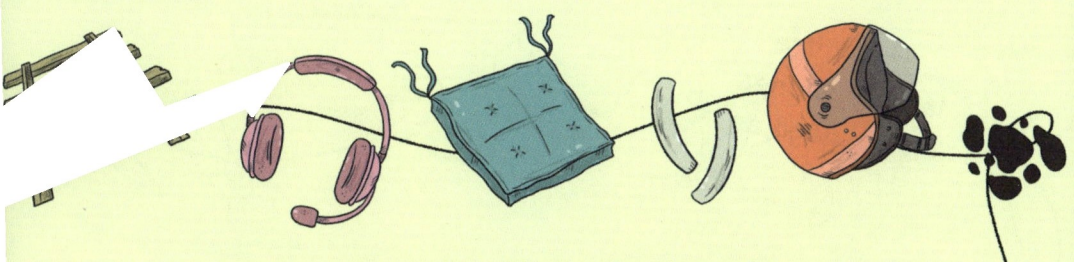

7. Mamífero medio grande, de cuello alargado,
   por el desierto, errante, siempre anda jorobado.

8. Tengo hipo si digo mi nombre.

9. Soy ave y soy llana, pero no tengo pico ni alas.

10. Todos me quieren para descansar.
    ¡Si ya te lo he dicho! No lo pienses más.

11. Alta como un palo, cabeza arriba y solo come hojas
    que están muy encima.

12. Dos pinzas tengo, hacia atrás camino,
    de mar o de río en el agua vivo.

13. ¿Cuál es la montaña más limpia?

14. Blanca por dentro, verde por fuera.
    Si no sabes qué es, espera.

15. Camino sobre las olas y tengo vestidos blancos.
    Si el viento me empuja fuerte, mucho más rápido ando.

16. Oro parece, plata no es. Abran las cortinas
    y verán lo que es.

17. Si por el mar quieres viajar,
    ¿dónde te vas a montar?

18. Mi nombre empieza con bo, no soy bota ni botijo,
    ¡bobo, tonto!, ¡si ya te lo he dicho!

19. Camino sin tener patas, a cuestas llevo mi casa.
    Por donde mi cuerpo pasa queda un hilillo de plata.

20. Soy un viejo arrugadito que si me echan al agua
    me pongo gordito.

21. Tengo orejas largas y una cola diminuta.
    Si corremos una carrera, gano sin disputa.

22. Se parece a mi madre pero es más mayor,
    tiene otros hijos que mis tíos son.

23. Te la digo y no me entiendes,
    te la repito y no me comprendes.

24. Me llegan las cartas y no sé leer,
    y, aunque me las trago, no mancho el papel.

25. Desde el lunes hasta el viernes soy la última en llegar,
    el sábado soy la primera y el domingo a descansar.

26. Soy pequeña como una pera, pero alumbro la casa entera.

27. Mi picadura te fastidia, mi cuerpo es insignificante,
    pero el néctar que yo doy, te lo comes al instante.

28. ¿Qué cosa es? ¿Qué cosa es? Que corre mucho
    y no tiene pies.

29. Doce señoras, todas con medias y sin zapatos.
    ¿De qué hablamos?

30. Seguro que en tu casa está, y si no lo sabes
    no importa. Pero ¿qué cosa será que cuanto más larga
    más corta?

31. Ojos enormes tengo, los cierro por el día,
    y por la noche los abro para ejercitar
    mi puntería.

32. Cuanto más grande es, menos se ve.

33. ¿Qué se necesita para encender una vela?

34. ¿Cuál es la planta que camina?

35. ¿Cuáles son las escaleras que más se tardan
    en subir?

36. Si soy joven, joven quedo. Si soy viejo, viejo quedo.
    Tengo boca y no te hablo. Tengo ojos y no te veo.

37. Estoy en blanco y negro, pero no soy una tele vieja,
    soy en realidad un animal, que también sirvo
    para que cruces la acera.

38. Blanco es, la gallina lo pone, con aceite se fríe
    y con pan se come.

39. Soy redonda pero no soy pelota, soy verde
    pero no soy hierba, soy roja pero no soy fuego,
    aunque tengo semillas negras como el carbón.

40. Me abrigo con paños blancos, luzco blanca cabellera
y por culpa mía llora hasta la propia cocinera.

41. En la tierra me sembraron, las aves me desearon,
cuando estuve dorado los hombres me segaron.

42. Todos pasan por mí, pero yo nunca paso por nadie.
Todos preguntan por mí, pero yo nunca pregunto por nadie.

43. ¿Quién es alguien y a la vez nada?

44. Tengo seis ruedas y a veces más.
Llevo la carga donde deba llegar.

1. El tren

2. El avión

3. La moto

4. La bicicleta

5. El helicóptero

6. El ajo

7. El camello

8. El hipopótamo

9. La avellana

10. La silla

11. La jirafa

12. El cangrejo

13. El volcán, porque primero echa cenizas y después, lava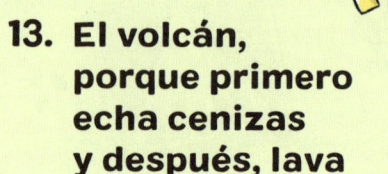

14. La pera

15. El velero

16. El plátano

17. El barco

18. El botón

19. El caracol

20. El garbanzo

21. El conejo

22. La abuela

23. La tela

24. **El buzón**

25. **La letra S**

26. **La bombilla**

27. **La abeja**

28. **El viento**

29. **Las horas**

30. **Las tijeras**

31. **El búho.**

32. **La oscuridad**

33. **Que esté apagada**

34. **La planta de los pies**

35. **Las escaleras de caracol**

36. **El retrato**

37. **La cebra**

38. **El huevo**

39. **La sandía**

40. **La cebolla**

41. **El trigo**

42. **La calle**

43. **El pez**

44. **El camión**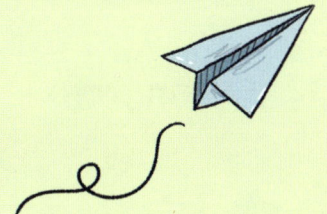

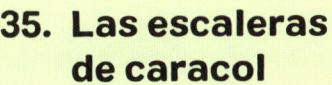